Die grosse Notensammlung

Klavier

Die Grundlagen der Technik

Bearbeitet von
Margarete Babinsky

Band II: Kraft

The Big Music Collection

Piano

The Basics of Technique

Edited by
Margarete Babinsky

Volume II: Strength

© Naumann & Göbel Verlagsgesellschaft mbH
in der VEMAG Verlags- und Medien Aktiengesellschaft
Emil-Hoffmann-Straße 1, 50996 Köln (Deutschland)
www.naumann-goebel.de

Gesamtherstellung: Naumann & Göbel Verlagsgesellschaft mbH
Alle Rechte vorbehalten
ISBN 978-3-625-12535-8

© Naumann & Göbel Verlagsgesellschaft mbH
a subsidiary of VEMAG Verlags- und Medien Aktiengesellschaft
Emil-Hoffmann-Straße 1, 50996 Cologne (Germany)
www.vemag-medien.de

Complete production: Naumann & Göbel Verlagsgesellschaft mbH
All rights reserved
Printed in EU
ISBN 978-3-625-12535-8

INHALT

BAND II

KRAFT

DOPPELGRIFFE

TERZEN – SEXTEN – KOMBINATIONEN

Bach, J. S.	Französische Suite Nr. 6 E-dur BWV 817: Gavotte	11
Bertini	Etüde As-dur op. 100 Nr. 20	12
Brahms	Walzer op. 39 Nr. 10 G-dur	13
	Nr. 15 A-dur	14
Burgmüller	Etüde C-dur op. 100 Nr. 4 "Im kleinen Kreis"	15
Chopin	Mazurka F-dur op. 68 Nr. 3	16
Czerny	Etüde C-dur op. 139 Nr. 7	18
	Etüde G-dur op. 139 Nr. 38	19
	Etüde C-dur op. 821 Nr. 3	20
	Etüde D-dur op. 821 Nr. 19	20
	Etüde As-dur op. 821 Nr. 29	21
	Etüde D-dur op. 821 Nr. 41	21
Duvernoy	Reiterstück	22
Grieg	Lyrische Stücke op. 12: Elfentanz	23
	Lyrische Stücke op. 71: Kobold	26
Heller	Etüde a-moll op. 45 Nr. 12	29
	Etüde g-moll op. 45 Nr. 21	30
Lemoine	Etüde G-dur op. 37 Nr. 42	34

Mozart, W. A.	Andantino Es-dur KV 236	35
	Variationen D-dur KV 573: Variation IV	36
Schumann	Album für die Jugend op. 68: Soldatenmarsch	37

OKTAVEN

Bach, J. S.	Notenbüchlein für A. M. Bach: Musette D-dur BWV Anh. 126	38
Beethoven	Variationen F-dur WoO 64: Variation IV	39
	Variationen A-dur WoO 69: Variation IV a-moll	40
Bertini	Etüde a-moll op. 29 Nr. 9	41
	Etüde C-dur op. 29 Nr. 22	43
Brahms	Walzer H-dur op. 39 Nr. 1	45
Burgmüller	Etüde F-dur op. 109 Nr. 12 "Erwachen im Walde"	46
Chopin	Prélude c-moll op. 28 Nr. 20	48
Czerny	Etüde B-dur op. 821 Nr. 11	49
	Etüde a-moll op. 821 Nr. 56	49
Heller	Etüde G-dur op. 45 Nr. 7	50
Mozart, L.	Notenbuch für Wolfgang: Polonaise	52
Mozart, W. A.	Marche funèbre del Signor Maestro Contrapunto KV 453 a	53
Mussorgskij	Bilder einer Ausstellung: Promenade	54
Schubert	Erste Walzer op. 9: Nr. 20 G-dur	56
	Nr. 30 A-dur	56
	Walzer a-moll op. 18 Nr. 3	57
Schumann	Abegg-Variationen op. 1: Thema	59
	Kinderszenen op. 15 Nr. 6: Wichtige Begebenheit	60
	Album für die Jugend op. 68: Fremder Mann	61

AKKORDSPIEL

| Brahms | Edward-Ballade op. 10 Nr. 1 | 64 |
| Chopin | Polonaise A-dur op. 40 Nr. 1 | 68 |

Czerny	Etüde c-moll op. 261 Nr. 69	74
	Etüde fis-moll op. 821 Nr. 94	74
Debussy	Préludes I Nr. 10 "La cathédrale engloutie"	75
Gurlitt	Thema mit Variation G-dur op. 228	80
Händel	Sarabande mit Variation d-moll	81
Heller	Etüde d-moll op. 45 Nr. 15	82
Lemoine	Etüde C-dur op. 37 Nr. 28	84
	Etüde C-dur op. 37 Nr. 35	86
Mendelssohn	Lieder ohne Worte h-moll op. 30 Nr. 4	87
Mussorgskij	Bilder einer Ausstellung: Bydlo	92
Schubert	Erste Walzer op. 9 Nr. 33 F-dur	94
	Walzer cis-moll op. 18 Nr. 4	95
	Moment musical f-moll op. 94 Nr. 5	96
Schumann	Album für die Jugend op. 68: Ein Choral	99
	Kleiner Morgenwanderer	100

STACCATO

Bertini	Etüde e-moll op. 29 Nr. 16	101
	Etüde G-dur op. 100 Nr. 22	103
Czerny	Etüde d-moll op. 840 Nr. 48	104
Grieg	Lyrische Stücke op. 68: Großmutters Menuett	105
Herz	Mouvement perpétuel	109
Kirchner	Neue Kinderszenen op. 55 Nr. 23: Fang mich!	112
Lemoine	Etüde C-dur op. 37 Nr. 9	113
	Etüde F-dur op. 37 Nr. 29	115
Raff	Scherzo G-dur op. 99 Nr. 3	116
Schubert	Moment musical f-moll op. 94 Nr. 3	119

Schumann	Album für die Jugend op. 68: Jägerliedchen	122
	Wilder Reiter	123
	Kinderszenen op. 15: Haschemann	124
Tschaikowskij	Jugendalbum op. 39: Kamarinskaja – russischer Volkstanz	125
Weber	Ballett F-dur	127

RHYTHMISCHE STUDIEN

Bach, J. S.	Partita Nr. 1 B-dur BWV 825: Sarabande	128
Chopin	Mazurka C-dur op. 7 Nr. 5	130
	Trois nouvelles Etudes: Nr. 1 f-moll	131
Czerny	Etüde E-dur op. 139 Nr. 54	134
	Etüde C-dur op. 139 Nr. 72	135
	Etüde D-dur op. 584 Nr. 22	136
	Etüde A-dur op. 584 Nr. 23	137
	Etüde D-dur op. 821 Nr. 20	138
	Etüde D-dur op. 821 Nr. 21	138
Debussy	Children's Corner: The little Shepherd	139
	Golliwogg's Cake Walk	141
Grieg	Lyrische Stücke op. 12: Norwegisch	146
Haydn	Sonate G-dur Hob. XVI/8: 1. Satz: Allegro	148
Lemoine	Etüde a-moll op. 37 Nr. 38	150
Mozart, W. A.	Menuett F-dur KV 5 "Triolen-Menuett"	152
	Marcia C-dur KV 408/1	153
Tschaikowskij	Jugendalbum op. 39: Marsch der Holzsoldaten	157
	Jugendalbum op. 39: Der Puppe Begräbnis	159

Contents

Volume II

Strength

Diads

Thirds – Sixths – Combinations

Bach, J. S.	French Suite no. 6 in E major BWV 817: Gavotte	11
Bertini	Etude in A flat major op. 100 no. 20	12
Brahms	Waltzes op. 39 no. 10 in G major	13
	no. 15 in A major	14
Burgmüller	Etude in C major op. 100 no. 4 "In Close Company"	15
Chopin	Mazurka in F major op. 68 no. 3	16
Czerny	Etude in C major op. 139 no. 7	18
	Etude in G major op. 139 no. 38	19
	Etude in C major op. 821 no. 3	20
	Etude in D major op. 821 no. 19	20
	Etude in A flat major op. 821 no. 29	21
	Etude in D major op. 821 no. 41	21
Duvernoy	Rider's Piece	22
Grieg	Lyric Pieces op. 12: Elf-Dance	23
	Lyric Pieces op. 71: Cobold	26
Heller	Etude in A minor op. 45 no. 12	29
	Etude in G minor op. 45 no. 21	30
Lemoine	Etude in G major op. 37 no. 42	34

Mozart, W. A.	Andantino in E flat major KV 236	35
	Variations in D major KV 573: Variation IV	36
Schumann	Album for the Youth op. 68: Soldier's March	37

Octaves

Bach, J. S.	Little Music Book for A. M. Bach: Musette in D major BWV App. 126	38
Beethoven	Variations in F major WoO 64: Variation IV	39
	Variations in A major WoO 69: Variation IV in A minor	40
Bertini	Etude in A minor op. 29 no. 9	41
	Etude in C major op. 29 no. 22	43
Brahms	Waltz in B major op. 39 no. 1	45
Burgmüller	Etude in F major op. 109 no. 12 "Awaking in the Forest"	46
Chopin	Prelude in C minor op. 28 no. 20	48
Czerny	Etude in B flat major op. 821 no. 11	49
	Etude in A minor op. 821 no. 56	49
Heller	Etude in G major op. 45 no. 7	50
Mozart, L.	Music Book for Wolfgang: Polonaise	52
Mozart, W. A.	Marche funèbre del Signor Maestro Contrapunto KV 453a	53
Mussorgsky	Pictures at an Exhibition: Promenade	54
Schubert	First Waltzes op. 9: no. 20 in G major	56
	no. 30 in A major	56
	Waltz op. 18 no. 3 in A sharp minor	57
Schumann	Abegg-Variationen op. 1: Theme	59
	Children's Scenes op. 15 no. 6: Important Event	60
	Album For The Youth op. 68: The Stranger	61

Playing Chords

| Brahms | Edward-Ballade op. 10 no. 1 | 64 |
| Chopin | Polonaise in A major op. 40 no. 1 | 68 |

Czerny	Etude in C minor op. 261 no. 69	74
	Etude in F sharp minor op. 821 no. 94	74
Debussy	Preludes I No. 10 "La cathédrale engloutie"	75
Gurlitt	Theme with Variations in G major op. 228	80
Handel	Sarabande with Variation in D minor	81
Heller	Etude in D minor op. 45 no. 15	82
Lemoine	Etude in C major op. 37 no. 28	84
	Etude in C major op. 37 no. 35	86
Mendelssohn	Song Without Words in B minor op. 30 no. 4	87
Mussorgsky	Pictures at an Exhibition: Bydlo	92
Schubert	First Waltz op. 9 no. 33 in F major	94
	Waltzes op. 18 no. 4 in C sharp minor	95
	Moment musical in F minor op. 94 no. 5	96
Schumann	Album for the Youth op. 68: A Chorale	99
	Little Morning Wanderer	100

Staccato

Bertini	Etude in E minor op. 29 no. 16	101
	Etude in G major op. 100 no. 22	103
Czerny	Etude in D minor op. 840 no. 48	104
Grieg	Lyric Pieces op. 68: Grandmother's Minuet	105
Herz	Mouvement perpétuel	109
Kirchner	New Children's Scenes op. 55 no. 23: Catch Me!	112
Lemoine	Etude in C major op. 37 no. 9	113
	Etude in F major op. 37 no. 29	115
Raff	Scherzo in G major op. 99 no. 3	116
Schubert	Moment musical in F minor op. 94 no. 3	119

Schumann	Album for the Youth op. 68: Little Hunting Song	122
	Wild Horseman	123
	Children's Scenes op. 15: Blind Man's Buff	124
Tchaikovsky	Album for the Youth: Kamarinskaia – Russian Folk	125
Weber	Ballet in ʀ major	127

RHYTHM STUDIES

Bach, J. S.	Partita no. 1 in B flat major BWV 825: Sarabande	128
Chopin	Mazurka in C major op. 7 no. 5	130
	Trois nouvelles Études: no. 1 in F minor	131
Czerny	Etude in E major op. 139 no. 54	134
	Etude in C major op. 139 no. 72	135
	Etude in D major op. 584 no. 22	136
	Etude in A major op. 584 no. 23	137
	Etude in D major op. 821 no. 20	138
	Etude in D major op. 821 no. 21	138
Debussy	Children's Corner: The Little Shepherd	139
	Golliwogg's Cake Walk	141
Grieg	Lyric Pieces op. 12: Norwegian	146
Haydn	Sonata in G major Hob. XVI/8: 1st movement: Allegro	148
Lemoine	Etude in A minor op. 37 no. 38	150
Mozart, W. A.	Minuet in F major KV 5 "Triplet-Minuet"	152
	Marcia in C major KV 408/1	153
Tchaikovsky	Album for the Youth op. 39: March of the Wooden Soldiers	157
	Album for the Youth op. 39: The Doll's Funeral	159

DOPPELGRIFFE: TERZEN, SEXTEN, KOMBINATIONEN
Diads: Thirds, Sixths, Combinations

Gavotte
Französische Suite Nr. 6 E-dur BWV 817

Johann Sebastian Bach

Etüde As-dur
op. 100 Nr. 20

Henri Bertini

Walzer G-dur
op. 39 Nr. 10

Johannes Brahms

Walzer A-dur
op. 39 Nr. 15

Johannes Brahms

Etüde C-dur "Im kleinen Kreis"

op. 100 Nr. 4

Friedrich Burgmüller

Mazurka F-dur
op. 68 Nr. 3

Frédéric Chopin

Allegro, ma non troppo

Etüde C-dur
op. 139 Nr. 7

Carl Czerny

Etüde G-dur

op. 139 Nr. 38

Carl Czerny

Etüde C-dur
op. 821 Nr. 3

Carl Czerny

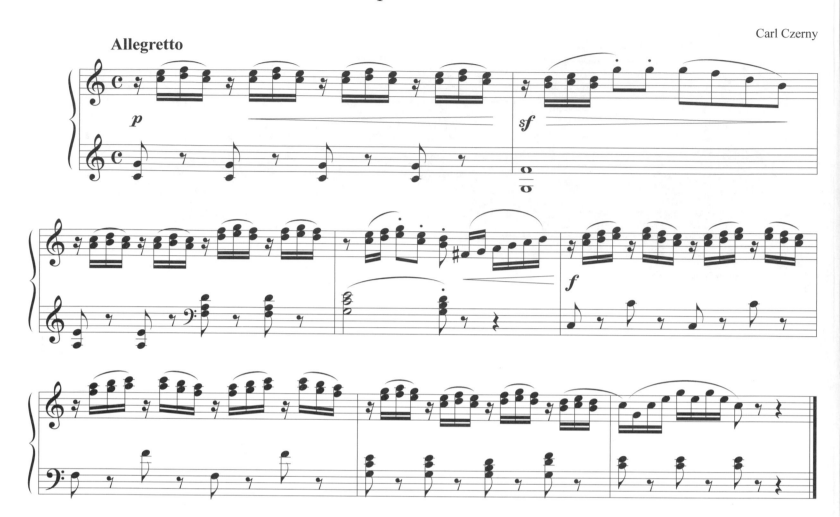

Etüde D-dur
op. 821 Nr. 19

Carl Czerny

Etüde As-dur
op. 821 Nr. 29

Carl Czerny

Allegretto moderato

Etüde D-dur
op. 821 Nr. 41

Carl Czerny

Allegretto

Reiterstück

Jean-Baptiste Duvernoy

Elfentanz

Lyrische Stücke op. 12

Edvard Grieg

Kobold
Lyrische Stücke op. 71

Edvard Grieg

Allegro molto

Etüde a-moll
op. 45 Nr. 12

Stephen Heller

Etüde g-moll
op. 45 Nr. 21

Stephen Heller

Etüde G-dur
op. 37 Nr. 42

Antoine-Henry Lemoine

Fine

Da Capo al Fine

Andantino Es-dur
KV 236

Wolfgang Amadeus Mozart

Variation IV
Variationen D-dur KV 573

Wolfgang Amadeus Mozart

Soldatenmarsch
Album für die Jugend op. 68

Robert Schumann

Munter und straff

DOPPELGRIFFE: OKTAVEN
Diads: Octaves

Musette D-dur
Notenbüchlein für Anna Magdalena Bach
BWV Anh. 126

Johann Sebastian Bach

Fine

Da Capo al Fine

Variation IV
Variationen F-dur WoO 64

Ludwig van Beethoven

Variation IV a-moll
Variationen A-dur WoO 69

Ludwig van Beethoven

Etüde a-moll
op. 29 Nr. 9

Allegretto quasi un poco andante

Henri Bertini

Etüde C-dur
op. 29 Nr. 22

Henri Bertini

Allegretto

44

Walzer H-dur
op. 39 Nr. 1

Johannes Brahms

Etüde F-dur "Erwachen im Walde"
op. 109 Nr. 12

Allegro

Friedrich Burgmüller

Prélude c-moll

op. 28 Nr. 20

Frédéric Chopin

Etüde B-dur
op. 821 Nr. 11

Carl Czerny

Allegro moderato

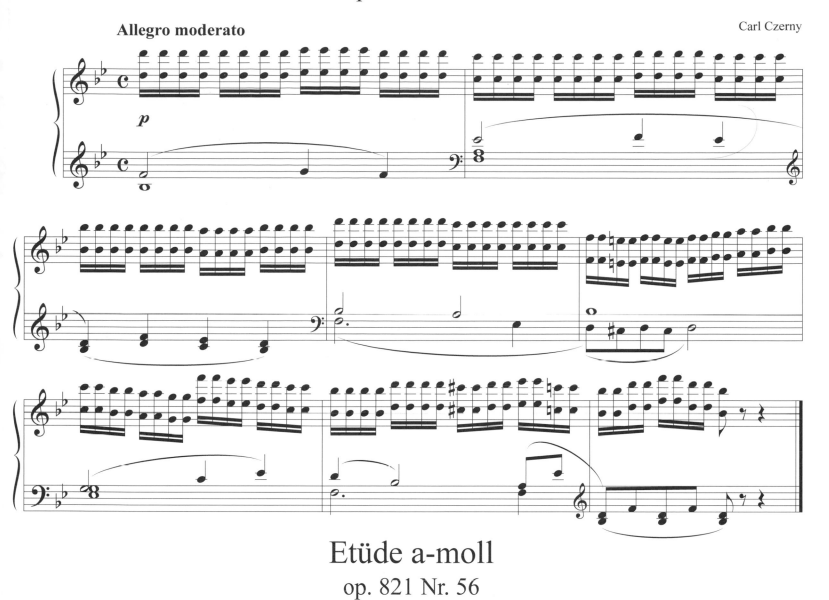

Etüde a-moll
op. 821 Nr. 56

Carl Czerny

Allegro

Etüde G-dur
op. 45 Nr. 7

Stephen Heller

Allegretto con moto

Polonaise
Notenbuch für Wolfgang

Leopold Mozart

Marche funèbre
del Signor Maestro Contrapunto KV 453 a

Wolfgang Amadeus Mozart

Promenade
Bilder einer Ausstellung

Modest Mussorgskij

Allegro guisto, nel modo russico

Walzer G-dur
Erste Walzer op. 9 Nr. 20

Franz Schubert

Walzer A-dur
Erste Walzer op. 9 Nr. 30

Franz Schubert

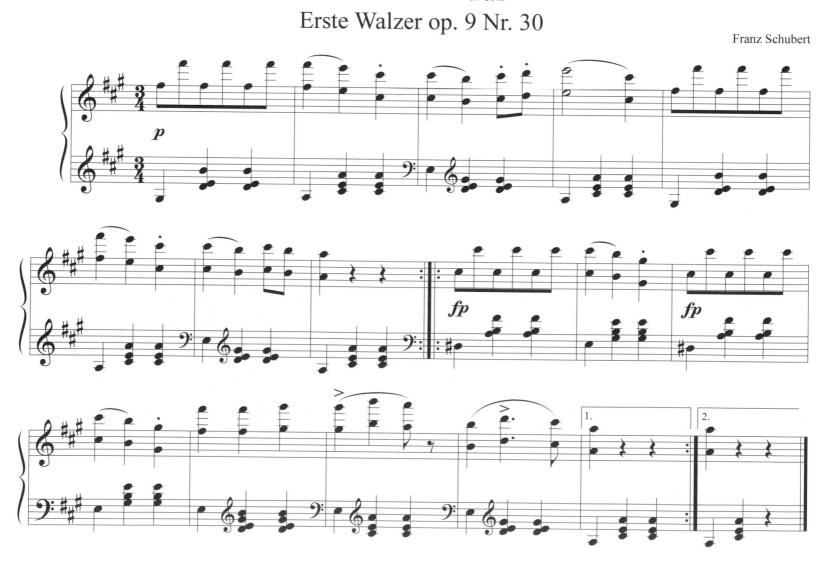

Walzer a-moll
op. 18 Nr. 3

Franz Schubert

Thema
Abegg-Variationen op. 1

Robert Schumann

Wichtige Begebenheit
Kinderszenen op. 15 Nr. 6

Robert Schumann

Fremder Mann
Album für die Jugend op. 68

Robert Schumann

Stark und kräftig zu spielen

Coda

AKKORDSPIEL
Playing chords

Edward-Ballade
op. 10 Nr. 1

Andante

Johannes Brahms

Polonaise A-dur
op. 40 Nr. 1

Frédéric Chopin

Allegro con brio

Etüde c-moll
op. 261 Nr. 69

Carl Czerny

Etüde fis-moll
op. 821 Nr. 94

Carl Czerny

La cathédrale engloutie

Préludes I Nr. 10

Claude Debussy

Profondément calme

Peu a peu sortant de la brume

Augmentez progressivement sans presser

Sonore sans dureté

Un peu moins lent

Thema mit Variation G-dur
op. 228

Cornelius Gurlitt

Sarabande mit Variation d-moll

Georg Friedrich Händel

Etüde d-moll

op. 45 Nr. 15

Stephen Heller

Etüde C-dur

op. 37 Nr. 28

Allegretto

Antoine-Henry Lemoine

Etüde C-dur
op. 37 Nr. 35

Antoine-Henry Lemoine

Lied h-moll
Lieder ohne Worte op. 30 Nr. 4

Felix Mendelssohn

Bydlo
Bilder einer Ausstellung

Modest Mussorgskij

93

Walzer F-dur
Erste Walzer op. 9 Nr. 33

Franz Schubert

Walzer cis-moll
op. 18 Nr. 4

Franz Schubert

Moment musical f-moll
op. 94 Nr. 5

Franz Schubert

Allegro vivace

Kleiner Morgenwanderer
Album für die Jugend op. 68

Robert Schumann

Frisch und kräftig

STACCATO
Staccato

Etüde e-moll
op. 29 Nr. 16

Henri Bertini

Etüde G-dur
op. 100 Nr. 22

Henri Bertini

Etüde d-moll
op. 840 Nr. 48

Carl Czerny

Allegro vivace

Großmutters Menuett

Lyrische Stücke op. 68

Edvard Grieg

Allegretto grazioso e leggierissimo

Mouvement perpétuel

Henri Herz

Fang mich!
Neue Kinderszenen op. 55 Nr. 23

Theodor Kirchner

Etüde C-dur
op. 37 Nr. 9

Antoine-Henry Lemoine

Allegretto

Etüde F-dur

op. 37 Nr. 29

Antoine-Henry Lemoine

Fine

Scherzo G-dur

op. 99 Nr. 3

Joachim Raff

Presto

Trio

Scherzo da capo senza replica, poi:

Coda

Moment musical f-moll
op. 94 Nr. 3

Franz Schubert

Allegro moderato

Jägerliedchen
Album für die Jugend op. 68

Robert Schumann

Frisch und fröhlich

Wilder Reiter
Album für die Jugend op. 68

Robert Schumann

Haschemann
Kinderszenen op. 15

Robert Schumann

Kamarinskaja - russischer Volkstanz
Jugendalbum op. 39

Peter Tschaikowskij

Ballett F-dur

Carl Maria von Weber

RHYTMISCHE STUDIEN
Rhythm studies

Sarabande
Partita Nr. 1 B-dur BWV 825

Johann Sebastian Bach

Mazurka C-dur
op. 7 Nr. 5

Frédéric Chopin

(senza Fine)

Etüde f-moll
Trois nouvelles Etudes Nr. 1

Frédéric Chopin

Etüde E-dur
op. 139 Nr. 54

Carl Czerny

Etüde C-dur
op. 139 Nr. 72

Carl Czerny

Etüde D-dur

op. 584 Nr. 22

Carl Czerny

Etüde A-dur
op. 584 Nr. 23

Carl Czerny

Etüde D-dur
op. 821 Nr. 20

Carl Czerny

Etüde D-dur
op. 821 Nr. 21

Carl Czerny

The little Shepherd
Children's Corner

Claude Debussy

Golliwogg's Cake Walk
Children's Corner

Claude Debussy

Un peu moins vite

143

Norwegisch

Lyrische Stücke op. 12

Edvard Grieg

Allegro 1. Satz
Sonate G-dur Hob. XVI/8

Joseph Haydn

Etüde a-moll
op. 37 Nr. 38

Antoine-Henry Lemoine

Menuett F-dur "Triolen-Menuett"

KV 5

Wolfgang Amadeus Mozart

Marcia C-dur
KV 408/1

Wolfgang Amadeus Mozart

Maestoso

156

Marsch der Holzsoldaten

Jugendalbum op. 39

Peter Tschaikowskij

Der Puppe Begräbnis

Jugendalbum op. 39

Peter Tschaikowskij